PAIDEIA
ÉDUCATION

MIXTE
Papier issu de sources responsables
Paper from responsible sources
FSC® C105338

GEORGES PEREC

Les Choses

Analyse littéraire

© Paideia éducation.

22 rue Gabrielle Josserand - 93500 Pantin.

ISBN 978-2-7593-0366-3

Dépôt légal : Juin 2023

Impression Books on Demand GmbH

In de Tarpen 42

22848 Norderstedt, Allemagne

SOMMAIRE

- Biographie de Georges Perec.................................... 9

- Présentation du roman *Les Choses*......................... 15

- Résumé du roman.. 19

- Les raisons du succès.. 27

- Les thèmes principaux... 35

- Étude du mouvement littéraire.................................. 41

- Dans la même collection.. 49

BIOGRAPHIE DE GEORGES PEREC

Georges Perec est né le 7 mars 1936 dans le 19ᵉ arrondissement de Paris. Ses parents, Icek et Cyrla Peretz, sont juifs et d'origine polonaise. Tandis que sa mère tient un salon de coiffure dans le quartier parisien de Ménilmontant, son père s'engage dans l'armée dès 1939, alors que Georges a seulement 3 ans. Il ne reviendra jamais, succombant à de mortelles blessures. Afin d'éloigner son fils du danger de la déportation, sa mère envoie Georges en 1941 à Villard-de-Lans dans le Vercors par un train de la Croix-Rouge. Jusqu'à la fin de la guerre, il est élevé par des membres de sa famille paternelle : sa tante Esther et son mari David. Toujours dans un souci de protection, il est rebaptisé sous un nom de famille francisé et devient ainsi Georges Perec. Il ne reverra jamais sa mère qui, déportée dans les camps d'Auschwitz, décède en janvier 1943. La perte brutale de ses deux parents le marquera de manière indélébile et sera un thème récurrent dans son œuvre.

Jeune orphelin, Georges Perec est adopté en 1945 par sa tante Esther et son mari. Ils retournent tous ensemble vivre à Paris à la fin de la guerre. Il suit alors une scolarité studieuse dans différents établissements. Profondément affecté par la perte de ses parents pendant la guerre, il entame en 1949 une psychothérapie avec la célèbre psychanalyste et pédiatre Françoise Dolto. Cette thérapie ne suffira pas à répondre à son malaise, il devra en entreprendre nombre au cours de sa vie et en fera, entre autres, une de 1971 à 1975 avec Jean-Bertrand Pontalis.

En 1954, il entame des études en histoire et en lettres qu'il abandonne promptement. Après avoir effectué son service militaire en tant que parachutiste de 1958 à 1959 à Pau dans les Pyrénées-Atlantiques, il séjourne durant un an en Tunisie. En 1960, il épouse Paulette Pétras, une jeune femme avec qui il vivait depuis quelques mois. À partir de 1962, il trouve un emploi de documentaliste en neurophysiologie au

CNRS. C'est à cette époque qu'il commence à s'essayer à l'écriture : il rédige alors des textes pour différentes revues (*Nouvelle Revue française*, *Lettres nouvelles* et *Partisans*).

En 1965, il voit son premier roman être publié chez Julliard par l'éditeur Maurice Nadeau. L'ouvrage s'intitule *Les Choses : Une histoire des années soixante*. C'est un roman d'aspiration sociologique, qui remporte immédiatement un vif succès et qui est même couronné l'année de sa publication par le prix Renaudot. En 1966, il écrit un récit intitulé *Quel petit vélo à guidon chromé au fond de la cour ?*. Ce roman atypique est reçu de manière frileuse de la part du lectorat, mais suscite la curiosité de certains intellectuels. Dès lors, il est coopté pour rentrer à l'Oulipo – ce qui signifie qu'il est recruté par les membres du mouvement. L'Oulipo, l'« Ouvroir de Littérature Potentielle », est un groupe de recherche expérimentale, dont l'aspiration est la création poétique au carrefour de la littérature et des mathématiques. Il côtoie alors des figures majeures de la littérature : Raymond Queneau (fondateur de l'Oulipo) et Italo Calvino (membre actif du groupe).

Son appartenance à l'Oulipo marque profondément Georges Perec et l'inspire. Tout comme les autres membres du groupe de recherche expérimentale, il se tourne alors vers la création littéraire dictée par la contrainte. Perec s'essaye notamment au lipogramme, un texte qui exclut une lettre de l'alphabet. C'est ainsi qu'il compose en 1969 *La Disparition*, un roman oulipien de 300 pages entièrement écrit sans la lettre « e », la voyelle pourtant la plus utilisée dans la langue française. Dans la même veine, il écrit en 1972 *Les Revenentes*, roman dans lequel, cette fois, seule la voyelle « e » est admise. Il s'agit d'un monovocalisme, mais également d'un lipogramme puisque les voyelles « a », « i », « o », « u » et « y » sont proscrites.

Dans les années soixante-dix, Perec se tourne vers différents mediums et explore plusieurs arts. C'est ainsi qu'il écrit des pièces radiophoniques (*Die Maschine*), des pièces théâtrales (*L'Augmentation*, 1970), des feuilletons pour la revue bimensuelle de Maurice Nadeau *La Quinzaine littéraire* et compose de manière hebdomadaire à partir de 1974 des mots croisés pour le magazine *Le Point*. Il se tourne également vers le cinéma et adapte à l'écran *Un homme qui dort*, un de ses romans précédents passé à l'époque inaperçu. Parallèlement, il poursuit la création littéraire en relatant 124 de ses rêves dans *La Boutique obscure* en 1973 et un essai sur l'espace (espace de la page de l'auteur, espace vide, espace de la rue, espace de notre planète…) dans *Espèces d'espaces* en 1974. En 1975, il achève enfin le roman *W ou le souvenir d'enfance* qui lui a demandé plus de vingt-cinq ans de travail et de psychothérapies. Il s'agit d'un récit consacré à son passé et découpé en deux parties qui s'alternent à chaque chapitre. Les chapitres impairs de I à XI relatent un récit autobiographique, tandis que les chapitres pairs exposent un récit fictionnel d'aventure se déroulant sur une île nommée W, un endroit voué au sport où règne une dictature. Ce roman original obtient rapidement les faveurs de la critique.

Georges Perec connaît la consécration à partir de 1978, lors de la parution de *La Vie mode d'emploi*. Ce roman colossal lui a demandé neuf ans de travail par sa complexité. En effet, *La Vie mode d'emploi* est un ouvrage au carrefour de la littérature et des mathématiques, utilisant des éléments hétéroclites (meubles, couleurs, événements historiques, citations littéraires, nombre de personnes…) selon un algorithme « bi-carré latin orthogonal d'ordre dix avec des permutations réglées par la pseudo quenine d'ordre 10 ». Ce roman, se déclinant à la manière d'un puzzle contraignant, obtient rapidement un vif succès tant chez le lectorat que chez la critique. Perec obtient alors le Prix Médicis et rompt définitivement avec son emploi de documentaliste au CNRS afin de se consacrer à l'art.

Il produit alors le film de sa dernière compagne Catherine Binet intitulé *Les Jeux de la comtesse Dolingen de Gratz*, écrit le scénario de *Série Noire* d'Alain Corneau, continue ses activités de cruciverbiste, réalise avec Robert Bober le film *Récits d'Ellis Island* et compose des poèmes.

Alors qu'il en train d'écrire son dernier roman intitulé *53 jours*, Georges Perec meurt subitement le 3 mars 1982 à l'âge de 46 ans des suites d'un cancer du poumon. Le roman sera publié à titre posthume par les éditions P.O.L en 1989.

PRÉSENTATION DU ROMAN LES CHOSES

Les Choses : Une histoire des années soixante est le premier roman écrit par Georges Perec. Il fut publié en 1965 dans la collection « Lettres nouvelles » chez Julliard par le célèbre éditeur Maurice Nadeau. Si le succès est au tout départ modeste, le roman ne tarde pas à éveiller l'intérêt des lecteurs, à tel point que les éditions Julliard se voient rapidement contraintes à lancer de nouveaux tirages. L'ouvrage reçoit l'année de sa parution le prix Renaudot. Les éloges foisonnent alors tant du côté de la critique que du lectorat.

Ce livre, considéré comme un roman par les uns, comme une analyse sociologique par les autres, raconte la vie d'un jeune couple de trentenaires parisiens des années soixante. Sylvie et Jérôme, issus de la classe moyenne, sont tous deux psychosociologues et réalisent des enquêtes d'opinion. Leur vie leur paraît monotone et cet ennui se traduit par un désir ardent tourné autour de la matérialité : ils rêvent de posséder toujours plus de biens, d'être toujours plus riches. Lassés de ne parvenir à donner un sens à leurs existences, ils partent vivre à Sfax en Tunisie. Ils essuient un échec supplémentaire et reviennent vivre en France à Paris, puis à Bordeaux. *Les Choses* est le récit de la désillusion, la critique latente de la société mercantile et matérialiste. Georges Perec a délibérément ôté toute psychologie aux personnages, ils ne sont que des exemples et représentent toutes les proies de la société de consommation.

Le ton employé par l'auteur n'est pour autant pas moralisateur, il relève plus du constat sociologique et objectif : « C'est qu'il y a entre les choses du monde moderne et le bonheur, un rapport obligé... Ceux qui se sont imaginés que je condamnais la société de consommation n'ont vraiment rien compris à mon livre. Mais ce bonheur demeure possible ; car, dans notre société capitaliste, c'est : choses promises ne sont pas choses dues. » Ainsi, la psychologie des personnages est tout à fait délaissée au profit de la description méticuleuse de chaque objet qui pourrait, de manière illusoire, apporter le bonheur au couple.

Les Choses dépeint le portrait, non pas d'une, mais de diverses générations se leurrant sur une existence consumériste.

RÉSUMÉ DU ROMAN

L'ouvrage est divisé en deux parties de longueur inégale et découpées selon le lieu de la narration, et se termine par un épilogue.

PREMIÈRE PARTIE

CHAPITRE PREMIER

Les Choses s'ouvre sur la description minutieuse d'un intérieur luxueux parisien et de la multitude d'objets qu'il contient : « Ce serait une salle de séjour, longue de sept mètres environ, large de trois. À gauche, dans une sorte d'alcôve, un gros divan de cuir noir fatigué serait flanqué de deux bibliothèques en merisier pâle où des livres s'entasseraient pêle-mêle. » Nous apprenons ensuite que deux personnes s'installeront un jour dans cet appartement idéal dans lequel ils auraient un quotidien oisif et qui leur promettrait le bonheur. Il est notable que le texte est entièrement écrit au conditionnel.

CHAPITRE II

La réalité est tout autre. Le couple vit en fait dans un studio délabré du Quartier Latin et leur frustration de ne pas être riche se traduit dans l'achat compulsif d'objets inutiles et « néo-barbares », comme les appelle l'auteur.

CHAPITRE III

Sylvie a 22 ans et Jérôme 24. Ils sont tous deux psychosociologues et n'ont qu'un rêve : devenir riches. Cette aspiration les épuise, les vide complètement tant elle est prenante : « L'immensité de leurs désirs les paralysait. » Leur travail consiste à interroger des personnes au sujet de leurs habitudes de consommation pour le compte d'entreprises. Sylvie et Jérôme ne se complaisent pas dans cet emploi qu'ils ont choisi par facilité.

CHAPITRE IV

Dans ce chapitre, Perec élargit la description au groupe que forment Jérôme et Sylvie avec leurs amis. Ils travaillent tous dans le milieu publicitaire, ont les mêmes aspirations matérielles et des occupations similaires. Ils rêvent sur les pages du magazine *L'Express*, passent leurs soirées à s'enivrer et refaire leur vie et le monde, ou vont au cinéma et jalousent les jouissances des uns et des autres qui se résument pourtant à quelques objets chinés dans les brocantes ou les puces.

CHAPITRE V

Jérôme et Sylvie se sont complus un temps dans leur vie certes modeste, mais riche intellectuellement à leurs yeux. Cependant, le bonheur dans la société moderne est tellement représenté par la richesse matérielle que le couple est soumis à la frustration malgré leur existence paisible.

CHAPITRE VI

La vie sentimentale de Sylvie et Jérôme est rythmée par leur situation financière. Lorsque leurs économies les satisfont, leur amour est parfaitement solide. En revanche, lorsqu'ils se retrouvent sur la paille, des tensions apparaissent au sein du couple et la peur de l'instabilité matérielle prend le dessus sur leur amour. Afin de satisfaire leur appétit, ils n'hésitent pas à dépenser frénétiquement en quelques heures ce qu'ils ont mis plusieurs jours à gagner.

CHAPITRE VII

Jérôme et Sylvie vivent à Paris durant la guerre d'Algérie. Si durant leurs études ils se sont engagés et ont manifesté contre cette guerre et contre le gaullisme, une fois installés dans le monde du travail, ils se sont complètement détournés de leur cause et leur enthousiasme s'est évanoui. Jérôme est parvenu à se faire réformer afin de ne pas être envoyé dans l'armée et en Algérie.

CHAPITRE VIII

Cela fait maintenant trois ans que Jérôme et Sylvie ont cet emploi de psychosociologue et ils sont désormais las de leur vie qui les satisfait parfois et les révulse à d'autres moments. Le couple se sent protégé par l'amitié : « La cohésion du groupe constituait une garantie sûre, un point de repère stable. » Pourtant, au fil du temps, Jérôme et Sylvie se retrouvent seuls et dépourvus d'amis, ces derniers ayant fait le choix d'une vie basée sur la sécurité matérielle, tandis qu'eux n'ont pas eu le courage de faire des efforts pour y parvenir. Ils détestent et jalousent à la fois leurs anciens amis. Le couple se sent trahi.

CHAPITRE IX

Le chapitre débute sur cette question qui taraude Jérôme et Sylvie : « Comment faire fortune ? » Ils rêvent de recevoir un héritage colossal ou même de devenir cambrioleurs, des « Arsène Lupin des temps moderne ». Ils n'auront jamais le courage de recourir à de tels actes et trouvent une maigre consolation dans les quelques billets qu'ils gagnent lors de parties de poker.

CHAPITRE X

Dans le cadre de leurs fonctions, le couple est amené à voyager dans toute la France. Ils rencontrent alors de grands exploitants agricoles et sont enivrés par leurs richesses. Jérôme et Sylvie se mettent à nouveau à rêver de tous ces objets qu'ils pourraient posséder. Une fois de plus, la désillusion est brutale lorsqu'ils reviennent à la réalité de leur vie modeste.

DEUXIÈME PARTIE

CHAPITRE PREMIER

Ils rêvent désormais de vivre à la campagne, mais ce projet n'aboutit pas par manque de courage. Après des vacances gâchées par l'absence de moyens financiers, Jérôme et Sylvie prennent une grande décision : ils acceptent un poste de professeur à Sfax en Tunisie. Finalement, Jérôme déclare forfait, un seul salaire étant suffisant pour vivre. Très vite, le couple se rend compte qu'il se sent tout à fait étranger à la vie locale et n'est pas à l'aise tant dans leur appartement que dans leur quotidien.

CHAPITRE II

Jérôme et Sylvie se sentent vraiment seuls à Sfax. Ils ne parviennent à nouer des liens ni avec les collègues de Sylvie, considérée seulement comme une contractuelle, ni avec les locaux. Le couple, las, n'a plus de projet, mais semble se satisfaire de la simplicité de leur vie, « une vie sans rien ».

CHAPITRE III

Ils firent quelques voyages en Tunisie et en Libye, mais où qu'ils aillent, « ils manquaient de point de repère ». Les paysages comme la vie leur paraît désertique, leur existence se révèle être une « tragédie tranquille ».

ÉPILOGUE

L'épilogue est entièrement écrit au futur et raconte le retour de Sylvie et Jérôme à Paris. Ils retrouvent leur ancien appartement et leur vie reprend son cours là où il l'avait laissée avant leur départ en Tunisie. Ils sont heureux, mais très vite leurs désirs mercantiles refont surface et le couple étouffe à nouveau jusqu'à avoir des idées suicidaires. Ils finissent par trouver un emploi de responsable d'agence publicitaire à Bordeaux qui leur promet une situation confortable. À l'âge de trente ans, Sylvie et Jérôme finissent par se fondre totalement dans cette société de consommation avec un statut de nanti qu'ils réfutaient jusqu'alors. L'épilogue s'achève par une citation de Karl Marx : « Le moyen fait partie de la vérité, aussi bien que le résultat. Il faut que la recherche soit elle-même vraie ; la recherche vraie, c'est la vérité déployée, dont les membres épars se réunissent dans le résultat. »

ANNEXE

L'annexe retranscrit une conférence donnée par Georges Perec le 5 mai 1967 à l'université de Warwick en Angleterre, dans laquelle il raconte son expérience d'écrivain, comment il est devenu écrivain et quelle est sa place dans la littérature française contemporaine de l'époque. Perec confie que son objectif a toujours été d'être « proche de la littérature engagée » et d'être « un écrivain réaliste ». Pour lui, « il n'y a pas d'écriture naturelle, il n'y a pas d'inspiration », mais l'écriture est « une recherche sur le pouvoir du langage ». Il liste ensuite les auteurs qui l'ont inspiré, car selon lui « tout écrivain [est] entouré par une masse d'autres ».

LES RAISONS
DU SUCCÈS

Dès la sortie des *Choses*, le 1ᵉʳ septembre 1965, le succès est au rendez-vous pour Georges Perec. La presse fait l'éloge du roman, considéré comme innovant dans le paysage littéraire : « Un ton original, une forme neuve de récit, un art de progresser doucement dans la pensée des personnages, tels sont les mérites de ce livre écrit par un jeune inconnu, et qui est déjà la sensation de la rentrée littéraire », peut-on lire dans *Le Nouveau Candide*. L'ouvrage est rapidement considéré comme le reflet de l'époque, comme le révèle cette critique enthousiaste paru dans *Le Nouvel Observateur* le jour même de la publication : « En nous décrivant [Sylvie et Jérôme] dans un style découragé qui s'accorde admirablement à la tristesse du sujet, il se peut que Georges Perec, jeune romancier de trente ans, ait écrit un des livres les plus cruellement révélateurs de notre époque désœuvrée. » Les éloges parus dans la presse éveillent la curiosité des lecteurs et à peine un mois après la sortie des *Choses*, en octobre, les éditions Julliard lancent un nouveau tirage de 2 000 exemplaires, puis à deux autres. Le livre et son auteur font l'évènement, Perec est invité sur de nombreux plateaux de télévision et donne des interviews dans les plus célèbres émissions littéraires. Le succès de ce « roman non-romanesque », comme il est surnommé, atteint son comble au mois de novembre 1965, lorsque George Perec reçoit le prix Renaudot. Ainsi, son premier roman publié le propulse sur le devant de la scène littéraire.

La raison principale de ce succès est évidente, *Les Choses* étant le reflet de la société naissant à l'époque. Perec a reçu à juste titre avec cet ouvrage le surnom de « peintre de la société actuelle ». Georges Perec dépeint en effet avec lucidité, voire même avec anticipation, l'époque dans laquelle il vit, mais également les époques à venir. Certains critiques se sont même accordés à attribuer à Perec des pouvoirs prémonitoires. En effet, si *Les Choses* caricaturait quelque peu la société en grossissant les traits de ces personnages cupides,

Sylvie et Jérôme sont largement représentés dans la société actuelle, près de cinquante ans après la publication du livre. Dans *Premier Bilan après l'apocalypse*, Frédéric Begbeider soutient même que « Perec croyait décrire son époque alors qu'il annonçait notre mode de vie jusqu'à la fin du monde ».

L'ouvrage est inqualifiable quant à son genre, il n'est ni à proprement parler un roman, ni un essai, ni un document sociologique. Il est au carrefour de tous ces genres, se révélant être le témoin saisissant de l'ancrage de la société de consommation dans laquelle le bonheur est associé aux désirs mercantiles. Pourtant, la démarche de Perec n'est pas moralisatrice. Son objectif n'est pas de mener une critique de cette société obnubilée par la matérialité, mais plutôt d'édifier un constat lucide et objectif de l'époque. L'auteur s'est même défendu d'avoir écrit une œuvre sermonneuse : « Je ne suis pas moraliste, je suis un écrivain. Cela dit, mon projet de départ est un projet réaliste, un projet critique, donc un projet moral. Mais […] [s]i j'avais été moraliste, par exemple, je pense que j'aurais ou bien trouvé une solution pour ces personnages, ou bien condamné fermement leur attitude. Or, […] je ne suis jamais parvenu à savoir si mon livre se termine d'une manière heureuse ou malheureuse. » Ainsi, *Les Choses* est plus de l'ordre du constat que de la condamnation. Interviewé par Pierre Desgraupes sur le plateau de l'émission *Lectures pour tous*, Perec confie en 1965 que *Les Choses* raconte sa propre histoire et celle de son entourage. Il a voulu décrire le « hold-up » que nous subissons tout un chacun vis-à-vis de la société de consommation. C'est ainsi que Jérôme et Sylvie ne sont pas des personnages romanesques classiques. Nous ne savons rien sur leurs sentiments, ils n'ont jamais de dialogue. Selon Perec, « ils n'ont pas de psychologie, ils n'ont pas d'existence », ils ne sont qu'un exemple. Nous sommes tous des Jérôme et Sylvie en puissance, attirés avidement par quelque objet matériel. Les personnages de Perec sont l'emblème de toute une génération fondue dans la masse de la société de consommation. C'est pourquoi ils sont très peu caractérisés psychologiquement, qu'ils sont majoritairement désignés par le pronom « ils » et qu'ils ont des prénoms très communs à l'époque. Chacun peut se reconnaître à travers eux. La temporalité n'est, par ailleurs, jamais précisée dans l'ouvrage. Seul le sous-titre (d'ailleurs retiré dans certaines éditions), *Une histoire des années soixante*, temporalise l'action. Il s'agit d'un ouvrage intemporel, qui pourrait tout aussi bien raconter les prémices des Trente Glorieuses juste après la Seconde Guerre mondiale, que notre époque actuelle. Perec n'est ainsi pas seulement le « peintre de la société actuelle » (entendons par là la société des années soixante), mais le peintre d'une vaste époque qui a bientôt soixante-dix ans aujourd'hui et qui n'est pas encore révolue : celle du développement économique et de la société de consommation. En l'état actuel des choses, ce mode de vie n'étant que peu remis en cause, il est certain que *Les Choses* de Perec trouvera un écho auprès des générations futures. Cette œuvre est la photographie parfaite de la société dans laquelle vivait Perec lors de sa composition, de la société actuelle et sans doute des sociétés futures.

Perec s'est inspiré de bon nombre d'écrivains pour la composition de cet ouvrage. Dans l'annexe des *Choses* qui retranscrit une conférence donnée par Georges Perec le 5 mai 1967 à l'université de Warwick en Angleterre, l'auteur se livre à une confidence : « Mon premier modèle a été Brecht. » Bertolt Brecht, célèbre dramaturge allemand du XXe siècle s'est attaché à construire une œuvre dramatique dont l'enjeu est la société de l'homme. Toute sa réflexion s'appuie sur l'histoire et l'actualité politique, sociale et économique de l'homme. En cela, *Les Choses*, témoin de la société de consommation, est une œuvre tout à fait apparentée au théâtre de Bertolt Brecht.

Dans cette conférence, Georges Perec avoue également avoir été inspiré par le philosophe Georg Lukács : « J'ai donc découvert à travers Lukács la notion absolument indispensable d'ironie, c'est-à-dire le fait qu'un personnage peut faire une action ou éprouver un sentiment dans un livre alors que l'auteur n'est pas du tout d'accord avec ce personnage et montre comment ce personnage est en train de se tromper. » Cet aspect de la littérature est pour Perec « la liberté à l'intérieur de l'écriture ». Perec a pris le parti d'adopter cette distance avec les personnages des *Choses*, Jérôme et Sylvie, et c'est justement cette « ironie » qui fait que le constat non moralisateur de la société fonctionne.

Toujours dans cette conférence, Perec avoue s'être inspiré de quatre écrivains pour l'écriture du roman : Flaubert, Nizan, Antelme et Barthes. *L'Espèce humaine* d'Antelme lui a servi « au niveau des phrases ; *La Conspiration* de Paul Nizan raconte l'histoire de jeunes gens qui ont le même âge que les personnages des *Choses* et qui essaient de faire la révolution et qui, évidemment, n'y arrivent pas » ; il lisait Roland Barthes durant l'écriture des *Choses* ; il a repris des scènes entières des ouvrages de Flaubert – la scène de la vente aux enchères, le voyage en bateau… – et a employé le rythme ternaire si cher à Flaubert dans la construction de ses phrases. Il avoue même avoir copié-collé une trentaine de phrases écrites par Flaubert sans avoir mis de guillemets. Pour Perec, l'intertextualité – c'est-à-dire la relation de différents textes entre eux – est primordiale et omniprésente dans la littérature : « Quand j'ai écrit *Les Choses*, […] il y a vraiment eu une relation nécessaire entre Flaubert, Barthes, Nizan et Antelme. Au centre de ce groupement, il y avait ce livre qui s'appelle *Les Choses*, qui n'existait pas encore, mais qui s'est mis à exister à partir du moment où il a été décrit par les quatre autres » (Annexe). Ainsi, *Les Choses* est un ouvrage empreint d'une multitude d'autres ouvrages et c'est sans doute là la force du texte.

LES THÈMES
PRINCIPAUX

- La société de consommation :

Si Perec s'est toujours défendu d'avoir écrit un pamphlet contre la société de consommation – « Ceux qui se sont imaginé que je condamnais la société de consommation n'ont vraiment rien compris à mon livre » –, il est indéniable que *Les Choses* insuffle non pas une critique mais une vérité : la société dans laquelle l'homme vit depuis les années soixante le pousse à consommer toujours plus que de raison. Il s'agit donc plus d'une analyse objective que d'une critique. Jérôme et Sylvie font l'apprentissage de la vie moderne à travers des désirs plus d'ordre symboliques que matériels. C'est ainsi qu'ils fréquentent frénétiquement les salles de ventes aux enchères, les brocantes, les puces et les boutiques d'antiquaires afin de dégoter des objets originaux, « néo-barbares » et patinés. Ainsi, un passage du livre souligne tout à fait l'aspect symbolique des objets : Jérôme désire acquérir un pantalon de velours, qui jusqu'alors était un attribut bourgeois, mais qui devient à l'époque l'accoutrement associé au style bohème.

Les personnages sont englués dans une vaine recherche du bonheur à travers l'acquisition matérielle : « Ils étaient à bout de course, au terme de cette trajectoire ambiguë qui avait été leur vie pendant six ans, au terme de cette quête indécise qui ne les avait menés nulle part, qui ne leur avait rien appris. » Perec dépeint tout au long des *Choses* ces personnages non pas par ce qu'ils sont, leurs psychologie ou leurs sentiments, mais par ce qu'ils rêvent de posséder. Les désirs de Jérôme et Sylvie sont leur *leitmotiv*, mais sont aussi l'entrave à leur vie et leur bonheur : « L'immensité de leurs désirs les paralysait » (Chapitre II) ; « L'ennemi était invisible. Ou, plutôt, il était en eux, ils les avaient pourris, gangrenés, ravagés » (Chapitre VIII) ; « Parfois, pendant des heures entières, pendant des journées, une envie frénétique d'être riches, tout de suite, immensément, à jamais, s'emparait d'eux, ne les lâchait plus. C'était un désir fou, maladif, oppressant, qui semblait gouverner le moindre de leurs gestes. La fortune devenait leur opium » (Chapitre IX).

Le désir de possession est vital chez Sylvie et Jérôme. Pourtant, ils resteront à jamais frustrés par leur manque de motivation à changer leurs habitudes quotidiennes et sont les esclaves de « tous les problèmes qu'impliquent la vie matérielle ». Ils sont enfermés dans ce cercle vicieux qu'impliquent ces désirs voués à la frustration dictés par la société de consommation.

- Les objets :

Les véritables héros de l'ouvrage ne sont pas Sylvie et Jérôme, dont nous ne savons finalement pas grand-chose, mais les objets, qui sont omniprésents. Certains passages des *Choses* s'apparentent tout à fait à un catalogue, énumérant massivement des biens de consommation. Pour écrire cette œuvre, Perec a d'ailleurs confié avoir lu énormément de magazines *Madame L'Express* pour s'imprégner de tous ces objets convoités à l'époque. Le texte est alors un jeu sur l'accumulation d'objets tout à fait hétéroclites : « Puis ils rêvaient de porcelaines précieuses, à décors d'oiseaux exotiques, de livres reliés de cuir, imprimés en elzévir sur des feuilles de japon à la cuve, avec de grandes marges blanches non rognées où l'œil se reposait délicieusement, de tables d'acajou, de vêtements de soie ou de lin, souples et confortables, pleins de couleur, de chambres spacieuses et claires, de brassées de fleurs, de tapis de Boukhara, de dobermans bondissants » (Chapitre VII), « la petite vierge du XIIe, le panneau oval de Sebastiano del Pimbo, le lavis de Fragonard, les deux petits Renoir, le petit Boudin, l'Atlan, le Max Ernst, le de Staël, les monnaies, les boîtes à musique, les drageoirs, les pièces d'argenterie, les faïences de Delft. » (Chapitre IX), « sa cheminée imposante, le poste de télévision, les fauteuils à oreilles, les huches de chêne noir, les cuivres, les étains, les faïences » (Chapitre X). L'écriture de Perec est clinique, dénuée de psychologie et parfaitement adéquate à cette description cumulative des objets qui prennent toute la place dans *Les Choses*. Cette écriture permet de retranscrire la réalité, car pour Perec, « on appelle "réels" les objets qui nous entourent » (Annexe).

ÉTUDE DU MOUVEMENT LITTÉRAIRE

Les Choses est le premier roman de Georges Perec et est tout à fait différent du reste de son œuvre. En effet, dès 1966 (un an après la publication des Choses), il écrit *Quel petit vélo à guidon chromé au fond de la cour ?* et est coopté à l'Oulipo. Dès lors, il consacra toute son œuvre à ce mouvement. Cependant, *Les Choses*, œuvre antérieure, se distingue par son aspect sociologique. Si l'ouvrage est inclassable, puisque novateur à l'époque, il serait tout de même à rapprocher du Nouveau Roman. Ce mouvement d'après-guerre est apparu dans les années 1950 et s'est déployé dans la littérature française jusqu'aux années 1970. Il s'est attaché à renouveler le genre romanesque qui avait finalement peu évolué depuis l'Antiquité. Dans ce mouvement, la réflexion passe au premier plan, au détriment de l'intrigue et du personnage qui ont finalement peu d'importance. *Les Choses* est dépourvu de dialogue et de psychologie. Les personnages essentiels sont les objets plus que Jérôme et Sylvie, qui eux ne sont que les emblèmes d'une génération, victimes de la société de consommation. En cela, l'ouvrage peut être apparenté au Nouveau Roman. Mais l'ouvrage fait figure d'exception dans la biographie de Perec, la quasi-totalité de ses autres œuvres étant directement rattachées à l'Oulipo.

En 1960, Raymond Queneau et son ami mathématicien François le Lionnais, fondent l'Oulipo, « l'ouvroir de littérature potentielle ». La démarche oulipienne est tout à fait innovante, elle entrelace les mathématiques et la littérature. Elle est totalement en opposition avec le mouvement ancré à cette époque, le surréalisme, qui préconisait l'aléatoire et le hasard dans la création littéraire afin d'exacerber l'imaginaire. Comme l'explique Queneau : « Une autre bien fausse idée qui a également cours actuellement, c'est l'équivalence que l'on établit entre inspiration, exploration du subconscient et libération, entre hasard, automatisme et liberté. Or cette inspiration qui consiste à obéir aveuglément à toute impulsion est en réalité un esclavage. Le classique qui écrit sa tragédie en observant un certain nombre de règles qu'il connaît est plus libre que le poète qui écrit ce qui lui passe par la tête et qui est l'esclave d'autres règles qu'il ignore. » L'objectif oulipien est d'appliquer la logique algébrique et la contrainte à la création scripturale. C'est ainsi que Raymond Queneau crée en 1961 l'œuvre oulipienne par excellence : *Cent mille milliard de poèmes*. Il met en place de savants calculs combinatoires, compose dix sonnets dont chaque vers est écrit sur une bande de papier amovible, et obtient de cette manière 10^{14} poèmes, ce qui donne cent milliards de poèmes.

Parmi les Oulipiens, nous pouvons citer de grands noms de la littérature ou des arts plastiques, tels Jacques Roubaud, Jacques Prévert, Italo Calvino, Marcel Duchamp ou bien sûr Georges Perec. L'Oulipo a véritablement ouvert le champ des possibles et c'est pourquoi une multitude de groupes s'en inspirant se sont créés, dont l'Oupeinpo (ouvroir de peinture potentielle), l'Oumupo (ouvroir de musique potentielle), ou encore l'Oucipo (ouvroir de cinéma potentiel). Les membres oulipiens sont élus à l'unanimité et le restent *ad vitam æternam*, à moins qu'ils ne se suicident devant huissier ! Si un membre meurt, il est alors « excusé pour cause de décès ». L'Oulipo existe toujours à l'heure actuelle, les membres se réunissant une fois par mois à la Bibliothèque nationale de France.

Les membres de l'Oulipo se sont attachés à élaborer des systèmes rigoureux visant, non pas à obstruer la création comme nous pourrions le penser, mais au contraire à dégager de nouvelles potentialités à l'art. Le manifeste collectif *Oulipo : La littérature potentielle*, révèle l'aspiration du mouvement oulipien : « Devine[r] l'homme des maladies infantiles du littérateur, rend[re] à celui-ci la liberté vraie qui consiste, en exerçant son goût pour l'obstacle à trouver dans le monde même le tremplin de son action. » Parmi les contraintes les plus célèbres mises en place par les oulipiens, nous pouvons citer la méthode S+7. Elle consiste à remplacer chaque substantif (S) d'un texte existant par le septième substantif trouvé après lui dans un dictionnaire (S+7). Queneau a de cette manière repris *La Cigale et la Fourmi* de Jean de la Fontaine, ce qui donne :

La Cimaise et la Fraction

La cimaise ayant chaponné
Tout l'éternueur
Se tuba fort dépurative
Quand la bixacée fut verdie :
Pas un sexué pétrographique morio
De moufette ou de verrat.
Elle alla crocher frange
Chez la fraction sa volcanique
La processionnant de lui primer
Quelque gramen pour succomber
Jusqu'à la salanque nucléaire.
« Je vous peinerai, lui discorda-t-elle,
Avant l'apanage, folâtrerie d'Annamite !
Interlocutoire et priodonte. »
La fraction n'est pas prévisible :
C'est là son moléculaire défi.
« Que feriez-vous au tendon cher ?
Discorda-t-elle à cette énarthrose.
- Nuncupation et joyau à tout vendeur,
Je chaponnais, ne vous déploie.
- Vous chaponniez ? J'en suis fort alarmante.
Eh bien ! débagoulez maintenant. »

À la manière de Raymond Queneau qui composa en 1947 *Exercices de style*, ouvrage dans lequel il explore bon nombre de contraintes, Georges Perec s'est appliqué tout au long de sa vie à s'essayer à différents exercices de style. Il a ainsi bien sûr écrit un roman lipogrammatique sans utiliser la lettre « e » : *La Disparition*, mais aussi des monovocalismes (roman n'utilisant qu'une seule voyelle) en « e » : *Les Revenentes*, en « a » : *What a man !*, en « o » : *Morton's ob*. Il a également transposé en littérature un principe musical, la dodécaphonie, qui consiste à ne pas réutiliser une consonne d'un ensemble avant d'avoir fait usage de toutes les autres consonnes du même ensemble. *Alphabets* est ainsi composé de 176 onzains hétérogrammatiques. Un onzain hétérogrammatique est un poème de cent vingt et une (onze fois onze) lettres. On y emploie les dix lettres les plus fréquemment utilisées en français (AEILNORSTU) plus une laissée au choix de l'auteur. Les onze premières lettres du poème forment une anagramme, les onze suivantes aussi, et ainsi de suite. Voici un extrait d'*Alphabets*, révélant ce qu'est un onzain hétérogrammatique :

VOIRENTASUL
TANELORVISU
ELSURTONVAI
NLIVREOUTAS
SERVITLANOU
ANTELOISURV
IVRENASTULO
VELANUITROS
EOUVRANTLIS
SUEVOILANTR
OULISREVANT

Voir en ta Sultane l'or visuel sur

ton vain livre où t'asservit la
nouante loi – survivre
N'as-tu lové la nuit rose
ouvrant l'issue
voilant roulis
rêvant ?

Georges Perec a également écrit un palindrome de 1 247 mots (*Le Grand Palindrome*), qui resta longtemps un record. Un palindrome est une figure de style consistant à conserver le même ordre des lettres que le texte soit lu de gauche à droite ou de droite à gauche. Un exemple connu de phrase-palindrome est « Ésope reste ici et se repose ». La plus grande exploration de la contrainte dans l'écriture chez Perec réside sans conteste dans *La Vie mode d'emploi* qu'il écrit en 1978 et qui est couronné du prix Médicis. Cet ouvrage est considéré par bon nombre de critiques comme le livre perécien le plus abouti, accompli et le plus astreignant. Dans ce roman-puzzle, l'auteur décortique la vie des habitants d'un immeuble, en mettant en place une contrainte de circulation : la polygraphie du cavalier. Il s'agit d'un problème mathématico-logique fondé sur les déplacements du cavalier au jeu d'échecs (une case partageant un côté commun puis une case en diagonale dans la même direction). Un cavalier posé sur une case quelconque d'un échiquier doit en visiter toutes les cases sans passer deux fois sur la même. Perec a repris ce principe pour la composition de son roman et a distribué les chapitres en fonction du parcours d'un cavalier. En sus de cette contrainte, Perec s'est employé à construire les thèmes de ce roman selon des calculs « du bi-carré latin orthogonal d'ordre 10 », dont chaque case de la grille de 10 par 10 contient un couple unique de chiffres compris entre 0 et 9. Enfin, le roman est sous la forme de la sextine, forme poétique composée de six sizains, dont les mots en fin de vers restent les mêmes, mais sont répartis selon un ordre différent. D'un point de vue mathématique, c'est une permutation d'ordre 6. Cette forme complexe, apparue en France au XIIe siècle chez les troubadours et notamment utilisée par Dante, a été reprise par Georges Perec, Raymond Queneau et autres oulipiens. Perec, dans son œuvre, a ainsi réalisé de belles prouesses littéraires et grammaticales.

Georges Perec, dépouilleur du langage et verbicruciste, nous invite littéralement à travers son œuvre à pénétrer dans le laboratoire de l'écriture, au cœur de la création. Il éveille le lecteur à la potentialité de l'écriture par la contrainte. Et c'est ainsi qu'Italo Calvino l'a décrit comme « une des personnalités littéraires les plus singulières au monde, au point de ne ressembler absolument à personne ».

DANS LA MÊME COLLECTION
(par ordre alphabétique)

- **Anonyme**, *La Farce de Maître Pathelin*
- **Anouilh**, *Antigone*
- **Aragon**, *Aurélien*
- **Aragon**, *Le Paysan de Paris*
- **Austen**, *Raison et Sentiments*
- **Balzac**, *Illusions perdues*
- **Balzac**, *La Femme de trente ans*
- **Balzac**, *Le Colonel Chabert*
- **Balzac**, *Le Lys dans la vallée*
- **Balzac**, *Le Père Goriot*
- **Barbey d'Aurevilly**, *L'Ensorcelée*
- **Barbey d'Aurevilly**, *Les Diaboliques*
- **Bataille**, *Ma mère*
- **Baudelaire**, *Les Fleurs du Mal*
- **Baudelaire**, *Petits poèmes en prose*
- **Beaumarchais**, *Le Barbier de Séville*
- **Beaumarchais**, *Le Mariage de Figaro*
- **Beauvoir**, *Mémoires d'une jeune fille rangée*
- **Beckett**, *En attendant Godot*
- **Beckett**, *Fin de partie*
- **Brecht**, *La Noce*
- **Brecht**, *La Résistible ascension d'Arturo Ui*
- **Brecht**, *Mère Courage et ses enfants*
- **Breton**, *Nadja*
- **Brontë**, *Jane Eyre*
- **Camus**, *L'Étranger*
- **Carroll**, *Alice au pays des merveilles*
- **Céline**, *Mort à crédit*

- **Céline**, *Voyage au bout de la nuit*
- **Chateaubriand**, *Atala*
- **Chateaubriand**, *René*
- **Chrétien de Troyes**, *Perceval*
- **Cocteau**, *La Machine infernale*
- **Cocteau**, *Les Enfants terribles*
- **Colette**, *Le Blé en herbe*
- **Corneille**, *Le Cid*
- **Crébillon fils**, *Les Égarements du cœur et de l'esprit*
- **Defoe**, *Robinson Crusoé*
- **Dickens**, *Oliver Twist*
- **Du Bellay**, *Les Regrets*
- **Dumas**, *Henri III et sa cour*
- **Duras**, *L'Amant*
- **Duras**, *La Pluie d'été*
- **Duras**, *Un barrage contre le Pacifique*
- **Flaubert**, *Bouvard et Pécuchet*
- **Flaubert**, *L'Éducation sentimentale*
- **Flaubert**, *Madame Bovary*
- **Flaubert**, *Salammbô*
- **Gary**, *La Vie devant soi*
- **Giraudoux**, *Électre*
- **Giraudoux**, *La Guerre de Troie n'aura pas lieu*
- **Gogol**, *Le Mariage*
- **Homère**, *L'Odyssée*
- **Hugo**, *Hernani*
- **Hugo**, *Les Misérables*
- **Hugo**, *Notre-Dame de Paris*
- **Huxley**, *Le Meilleur des mondes*
- **Jaccottet**, *À la lumière d'hiver*
- **James**, *Une vie à Londres*
- **Jarry**, *Ubu roi*

- **Kafka**, *La Métamorphose*
- **Kerouac**, *Sur la route*
- **Kessel**, *Le Lion*
- **La Fayette**, *La Princesse de Clèves*
- **Le Clézio**, *Mondo et autres histoires*
- **Levi**, *Si c'est un homme*
- **London**, *Croc-Blanc*
- **London**, *L'Appel de la forêt*
- **Maupassant**, *Boule de suif*
- **Maupassant**, *Le Horla*
- **Maupassant**, *Une vie*
- **Molière**, *Amphitryon*
- **Molière**, *Dom Juan*
- **Molière**, *L'Avare*
- **Molière**, *Le Malade imaginaire*
- **Molière**, *Le Tartuffe*
- **Molière**, *Les Fourberies de Scapin*
- **Musset**, *Les Caprices de Marianne*
- **Musset**, *Lorenzaccio*
- **Musset**, *On ne badine pas avec l'amour*
- **Perec**, *La Disparition*
- **Perec**, *La Vie mode d'emploi*
- **Perrault**, *Contes*
- **Prévert**, *Paroles*
- **Prévost**, *Manon Lescaut*
- **Proust**, *À l'ombre des jeunes filles en fleurs*
- **Proust**, *Albertine disparue*
- **Proust**, *Du côté de chez Swann*
- **Proust**, *Le Côté de Guermantes*
- **Proust**, *Le Temps retrouvé*
- **Proust**, *Sodome et Gomorrhe*
- **Proust**, *Un amour de Swann*
- **Queneau**, *Exercices de style*

- **Quignard**, *Tous les matins du monde*
- **Rabelais**, *Gargantua*
- **Rabelais**, *Pantagruel*
- **Racine**, *Andromaque*
- **Racine**, *Bérénice*
- **Racine**, *Britannicus*
- **Racine**, *Phèdre*
- **Renard**, *Poil de carotte*
- **Rimbaud**, *Une saison en enfer*
- **Sagan**, *Bonjour tristesse*
- **Saint-Exupéry**, *Le Petit Prince*
- **Sarraute**, *Enfance*
- **Sarraute**, *Tropismes*
- **Sartre**, *Huis clos*
- **Sartre**, *La Nausée*
- **Senghor**, *La Belle histoire de Leuk-le-lièvre*
- **Shakespeare**, *Roméo et Juliette*
- **Steinbeck**, *Les Raisins de la colère*
- **Stendhal**, *La Chartreuse de Parme*
- **Stendhal**, *Le Rouge et le Noir*
- **Verlaine**, *Romances sans paroles*
- **Verne**, *Une ville flottante*
- **Verne**, *Voyage au centre de la Terre*
- **Vian**, *J'irai cracher sur vos tombes*
- **Vian**, *L'Arrache-cœur*
- **Vian**, *L'Écume des jours*
- **Voltaire**, *Candide*
- **Voltaire**, *Micromégas*
- **Zola**, *Au Bonheur des Dames*
- **Zola**, *Germinal*
- **Zola**, *L'Argent*
- **Zola**, *L'Assommoir*
- **Zola**, *La Bête humaine*